Gezo
koke..

met onze topchefs

CARLO DE PASCALE
SOFIE DUMONT
CANDICE KOTHER
FATIMA MARZOUKI
ALBERT VERDEYEN

Stichting tegen Kanker
Fondation contre le Cancer

LANNOO

Eerder verschenen gezondheidsgidsen

Klassieke en aanvullende kankerbehandelingen: naar een nieuwe samenleving, 2014
Samen vooruit, tijdens en na kanker, 2013
70 recepten voor 4 seizoenen, 2012
Gezondheid van kop tot teen, 2012
Kanker: laten we erover spreken, 2011
Leefmilieu en kanker: een ruime kijk, 2010
Belgische seizoensgerechten, 2009
Kanker: weg met de vooroordelen, 2008
Kanker bij jongeren, 2007
Kankergids, 2006
Leven na kanker, 2005
Lekker en gezond! 70 recepten, 2004

Recepten: Felix Alen, Carlo de Pascale, Sofie Dumont, Candice Kother, Fatima Marzouki en Albert Verdeyen
Fotografie recepten: Alexandre Bibaut (p. 8 linksmidden, 14, 18, 22, 41, 45, 54 en 57), Luk Thys (p. 21, 25, 36, 42, 55), Verne (p. 8 linksboven, 19, 31, 34, 44, 47 en 56), Heikki Verdurme (p. 8 rechtsmidden en linksonder, 16 17, 19, 26, 29, 33, 39, 44, 49, 51 en 53)
Shutterstock (p. 10)
Ingimage (p. 6)
Foto Sofie Dumont en Candice Kother: persoonlijk archief
Redactie: Eva De Winter, diëtiste
Concept vormgeving en omslag: Studio Lannoo
Opmaak: C-Design
D/2015/45/28
ISBN: 978-94-014-2354-0
© Stichting tegen Kanker, Brussel, 2015 en Uitgeverij Lannoo
Reproductie verboden behoudens schriftelijke toestemming van de uitgever.
V.U.: L. Van Haute - Stichting tegen Kanker - Leuvensesteenweg 479, B - 1030 Brussel - Stichting van openbaar nut - 0873.268.432.

Voorwoord

Bekende chef-koks tegen kanker

Dit receptenboekje is het resultaat van een samenwerking tussen Stichting tegen Kanker en zes bekende chef-koks. Albert Verdeyen, Candice Kother, Carlo de Pascale, Fatima Marzouki, Felix Alen en Sofie Dumont deelden elk vijf van hun gezondste recepten met ons. De pagina's achteraan in dit boekje die aan de chef-koks gewijd zijn, vertellen meer over ieder van hen.

30 recepten om van te smullen en van bij te leren

De recepten in dit boekje voldoen aan de richtlijnen rond voeding in kankerpreventie. Bovendien wordt bij elk recept een ingrediënt of een bereidingswijze toegelicht met een bijzondere kankerbestrijdende eigenschap. Maar zoals je verderop in de inleiding kunt lezen, bestaan er geen voedingsmiddelen tegen kanker. Binnen een gezonde en evenwichtige voeding is variatie een belangrijke pijler. Overgewicht vermijden en voldoende fysieke activiteit zijn echter ook heel belangrijk. Ook daar vertellen we je in de inleiding en tussen de recepten meer over.

Smakelijk!

Inleiding

Antikankerdiëten en voedingsmiddelen tegen kanker bestaan niet
De termen 'antikankerdieet' en 'antikankervoedingsmiddel' horen en lezen we vaak. Ze doen ons vermoeden dat een specifiek voedingsmiddel of een welbepaald dieet kanker kan voorkomen of genezen, wat wetenschappelijk ongegrond is.
Kanker is een zogenaamde multifactoriële aandoening. Dat betekent dat verschillende factoren een rol kunnen spelen bij het ontstaan ervan. Voeding kan een factor zijn, maar ook bijvoorbeeld roken, alcohol, overgewicht, uv-straling, professionele blootstelling aan kankerverwekkende stoffen, bepaalde infecties, erfelijkheid… Dat verklaart waarom gezonde voeding alleen niet in staat is alle kankers te voorkomen.

Wanneer aan een voedingsmiddel antikankereigenschappen worden toegeschreven, is dit bovendien meestal gebaseerd op wetenschappelijke studieresultaten, die beperkingen kennen. Dat kan een studie bij de mens, maar heel vaak op proefdieren of celculturen in een laboratorium zijn. Daarin worden soms kankerbeschermende eigenschappen van voedingsmiddelen aangetoond. Toch blijken vaak uitzonderlijk hoge concentraties nodig te zijn alvorens van enig effect sprake kan zijn of blijken laboratoriumresultaten uiteindelijk niet aantoonbaar bij de mens.[7,17]

Wat voeding wél kan
Heeft voeding ons dan helemaal niets te bieden in kankerpreventie? Toch wel! Hoewel er geen wetenschappelijk bewijs is voor het bestaan van een antikankerdieet of antikankervoedingsmiddel, kunnen een evenwichtige en gevarieerde voeding, een energie-inname aangepast aan ons energieverbruik en regelmatige fysieke activiteit ons kankerrisico wel helpen verlagen. Volgens het Wereld Kanker Onderzoeksfonds zouden hiermee een derde van de kankers voorkomen kunnen worden.[9] Ons kankerrisico tot nul herleiden kunnen we echter niet, omdat we niet alle kankerverwekkende factoren, en onze persoonlijke gevoeligheid ervoor, helemaal zelf in de hand hebben.

Wetenschappelijk onderzoek heeft aangetoond dat *kankerbeschermende stoffen* in onze voeding, vooral in groenten, fruit en vezels, verschillende werkingsmechanismen hebben. Vaak blijkt net de combinatie van al die verschillende stoffen een effect te hebben, waardoor het isoleren ervan zinloos is. Individuele antikankervoedingsmiddelen bestaan dus niet. Beter brengen we maximale variatie aan in onze voeding, door iedere dag verschillende voedingsmiddelen te eten en de seizoenen te volgen in onze keuze van groenten en fruit.[9, 17]

Tegelijk is het belangrijk **kankerverwekkende stoffen** in onze voeding te vermijden. Zo vormen rood vlees (alle vlees behalve gevogelte) en bewerkt vlees (broodbeleg, worsten, gehakt...) een risico voor kanker van de dikke darm en de endeldarm. Alcohol is een belangrijke risicofactor voor verschillende kankertypes, vooral voor kankers van het strottenhoofd, de mond, keelholte, slokdarm, borst (bij vrouwen) en dikke darm en endeldarm (bij mannen). Overgewicht is, na tabak, de belangrijkste risicofactor. Het verhoogt onder meer het risico op kanker van de slokdarm, dikke darm en endeldarm, pancreas (alvleesklier), nier, borst en het baarmoederslijmvlies.

Zo zou volgens het Wereld Kanker Onderzoek Fonds de combinatie van een optimale voeding, voldoende lichaamsbeweging en een gezond gewicht een derde van de kankers kunnen helpen voorkomen.[9]

Wie een kankerbehandeling achter de rug heeft, kan het best ook bovenstaande tips opvolgen. Een gezond gewicht, een evenwichtige voeding en voldoende lichaamsbeweging helpen immers het risico op herval of een nieuwe kanker te beperken.

Meer lezen over voeding en kankerpreventie?
Op zoek naar tips en recepten?
- www.kanker.be/eet-en-drink-gezond
- www.kanker.be/overgewicht
- www.kanker.be/werk-aan-je-fysiek
- www.kanker.be/drink-met-mate

De 10 voedingstips van Stichting tegen Kanker

Hoewel nog niet alle verbanden tussen voeding en kanker volledig verklaard zijn, bestaan er een paar eenvoudige tips rond voeding, gewicht en fysieke activiteit die de kans vergroten om langer in goede gezondheid te blijven. Deze tips kunnen niet alleen helpen bij de bescherming tegen kanker, maar ook tegen andere welvaartsziekten, zoals type 2 diabetes (meestal op latere leeftijd) en hart- en vaatziekten.

1. Streef naar een gezond lichaamsgewicht door evenwichtig te eten en voldoende fysiek actief te zijn.

2. Wees elke dag minstens 30 minuten matig fysiek actief, bijvoorbeeld door stevig te wandelen.

3. Beperk de inname van calorierijke voeding zoals vetrijke snacks en suikerrijke tussendoortjes en dranken.

4. Eet voldoende groente, fruit, volle graanproducten en peulvruchten en varieer zo veel mogelijk (vooral in kleur).

5. Eet dagelijks ten minste vijf porties (500 gram) groente en fruit.

6. Beperk de consumptie van rood vlees (alle vlees behalve gevogelte) tot maximaal 500 gram per week en vermijd voorbewerkte vleeswaren (broodbeleg, gehakt, worst, salami, paté, gerookt vlees...).

7. Drink bij voorkeur geen alcohol. Beperk je in elk geval tot één consumptie per dag.

8. Vermijd zout en sterk gezouten bereidingen.

9. Vertrouw niet op voedingssupplementen om je tegen kanker te beschermen, behalve als ze door een arts werden voorgeschreven. Sommige, zoals die op basis van vitamine A, hebben immers net het omgekeerde effect. Het is beter om alle nodige voedingsstoffen via je voeding in te nemen.

10. Borstvoeding is goed voor moeder en kind, en kan voor beiden het risico op kanker en andere ziekten helpen beperken.

Neppopcorn van kikkererwten

– Candice Kother

Benodigdheden (voor 250 gram)
1 blik kikkererwten (gemiddeld 400 g, uitlekgewicht ongeveer 240 g), uitgelekt en gespoeld ✚ 50 g bruine suiker ✚ 1 koffielepel kaneel ✚ specerijen naar keuze, zout of zoet: bv. gemberpoeder, komijnpoeder, speculaaskruiden… ✚ (arachide)olie ✚ zout (optioneel)

Bereiding
Verwarm de oven voor op 220 °C. Droog de kikkererwten met keukenpapier. Meng ze in een kom met de suiker, de kaneel, de specerijen naar keuze en wat olie. Spreid uit op een ovenplaat bedekt met bakpapier en laat 20 minuten bakken in de oven. Meng een zoete bereiding met nog wat suiker, een zoute bereiding met een beetje zout. Serveer meteen.

De peulvruchten vormen hier een pluspunt (zie ook p. 20). Maar dit recept biedt ook een zoutarm alternatief voor hartige popcorn. Door het gebruik van specerijen heb je (bijna) geen zout meer nodig, wat aanbevolen wordt in de preventie van maagkanker.[9]

VOORAFJES

Zuiderse vissoep

– Felix Alen

Benodigdheden (10 personen)

250 g fijngesneden groenten (selder, prei, wortel en venkel) ✛ 1 gehakte ui ✛ 2 geperste knoflookteentjes ✛ 4 gepelde tomaten, in stukjes gesneden 1 eetlepel tomatenpuree ✛ 1 eetlepel olijfolie ✛ 1 liter visfumet ✛ ½ koffielepel venkelzaadjes ✛ ½ koffielepel rasp van sinaasappelschil (gewassen) ✛ 10-tal draadjes saffraan ✛ 1 kruidenbosje (bouquet garni) ✛ 4 geschilde aardappelen ✛ 1 kg vis, schaal- en schelpdieren ✛ peper ✛ een snufje zout ✛ cayennepeper ✛ geroosterd volkorenbrood met look

Bereiding

Stoof de groenten, de ui en de knoflook in de olie. Voeg alle andere ingrediënten toe, behalve de vis. Kook de soep op een laag vuurtje tot de aardappels gaar zijn. Zet dan het vuur af en pocheer de vis, schaal- en schelpdieren in de soep. Serveer met geroosterd volkorenbrood met look.

De tomaten in dit recept zijn rijk aan de stof lycopeen, waarvan vermoed wordt dat ze bescherming kan helpen bieden tegen prostaatkanker. Maar ook van tomaat afgeleide producten zijn rijk aan lycopeen, zoals tomatensaus, ketchup, tomatenpuree en gepelde tomaten. De stof is overigens ook rijkelijk aanwezig in papaja, roze grapefruit, abrikozen en watermeloen.[9] En nog een weetje: lycopeen wordt beter beschikbaar voor ons lichaam door tomaten op te warmen of te pureren.

Meer lezen? www.kanker.be/ kankertypes-beinvloed-door-voeding

Stichting tegen Kanker

Er is ruimte voor hoop in de strijd tegen kanker. De wetenschap boekt vooruitgang, de begeleiding van patiënten en hun naasten verloopt steeds beter, en screening en preventie winnen terrein. Stichting tegen Kanker speelt op elk van die drie vlakken een belangrijke rol, in alle onafhankelijkheid en transparantie.

✤ **Stichting tegen Kanker schaart zich achter haar onderzoekers.** Dankzij hun werk zijn de genezingskansen vandaag hoger dan vroeger en blijven ze stijgen. Daarom besteden we onze middelen in de eerste plaats aan steun aan het wetenschappelijk kankeronderzoek.

✤ **Stichting tegen Kanker ijvert voor ieders gezondheid.** We sporen iedereen aan om gezond te leven en benadrukken het belang van kankerpreventie en -opsporing. Hiervoor beroepen we ons op wetenschappelijk gevalideerde informatie.

✤ **Stichting tegen Kanker begeleidt patiënten en hun naasten.** Zo verspreiden we bijvoorbeeld betrouwbare en begrijpelijke informatie en bieden we sociale diensten aan die de levenskwaliteit van patiënten verbeteren.

✤ **Stichting tegen Kanker pleit voor een beter volksgezondheidsbeleid.** We stimuleren en helpen overheden om meer en beter te doen in de strijd tegen kanker. Enkel zo kunnen we ervoor zorgen dat de ziekte steeds minder levens eist en dat de best mogelijke zorg beschikbaar blijft voor iedereen.

Hoe kun jij helpen?
Als je graag wilt meehelpen aan de verwezenlijking van onze doelstellingen, kun je dat doen door ons financieel te steunen met een eenmalige overschrijving op onze rekening **BE45 0000 0000 8989** • **BIC: BPOTBEB1** of door Vriend van de Stichting te worden vanaf €5 per maand. Meer informatie vind je op **www.kanker.be/vriend**. Hartelijk dank daarvoor.

Sommige mensen wensen Stichting tegen Kanker te steunen via een testamentaire schenking. Als je je vrijgevigheid graag op die manier wilt tonen, neem je het best contact op met je notaris of met Greta Van Der Gracht,

STICHTING TEGEN KANKER

onze coördinator Legaten, op het nummer **02 743 37 15** of via e-mail naar **gvandergracht@stichtingtegenkanker.be**. We bezorgen je graag de nodige informatie.

Stichting tegen Kanker moedigt iedereen aan om zich in te zetten voor de strijd tegen kanker, door een steentje bij te dragen, zich betrokken te voelen en de juiste persoonlijke keuzes te maken. We staan open voor allerlei initiatieven en verwelkomen iedereen die zich samen met ons wil engageren met open armen.

Meer informatie over onze activiteiten vind je op **www.kanker.be**.

Stichting tegen Kanker
Stichting tegen Kanker - Stichting van openbaar nut
Leuvensesteenweg 479, B-1030 Brussel
Tel.: 02 733 68 68 - Fax: 02 734 92 50
Departement communicatie: communicatie@stichtingtegenkanker.be
Wetenschappelijk departement: scientif@stichtingtegenkanker.be
Ons magazine: *Samen tegen Kanker* (driemaandelijks)
magazine@stichtingtegenkanker.be
Onze website: www.kanker.be

Kankerinfo: 0800 15 802
Hulp voor mensen met kanker, zowel volwassenen als kinderen, is enorm belangrijk. Daarom heeft Stichting tegen Kanker de gratis telefonische hulplijn Kankerinfo opgestart. Iedereen kan er in alle anonimiteit terecht bij een ervaren team van specialisten uit de gezondheidszorg, zowel artsen als psychologen. Neem gerust contact met ons op via het gratis nummer **0800 15 802**. Je kunt Kankerinfo elke werkdag bereiken van 9 tot 18 uur.

Rekanto

Rekanto is een bewegingsprogramma met fysieke activiteiten speciaal ontworpen voor volwassenen die af te rekenen hebben of onlangs af te rekenen hadden met kanker. Rekanto helpt om een betere lichamelijke conditie te herwinnen en op die manier vermoeidheid te overwinnen, dankzij activiteiten in groep (gymnastiek, aquagym, yoga, tai chi...). Rekanto is bedoeld voor patiënten in behandeling of tot een jaar na het einde daarvan. Je kunt gedurende één jaar gebruikmaken van het programma.
Meer info op www.rekanto.be of op het nummer **078 15 15 50** (maandag, dinsdag, donderdag en vrijdag van 9 tot 12 uur).

Tabakstop: 0800 111 00

De dienstverlening van Tabakstop is gratis. Je vindt er een antwoord op al je vragen over roken, verslaving, hulp bij het stoppen en opvolging na het stoppen. Tabakstop helpt iedereen die dat wil groeien naar een leven zonder tabak. Het gratis nummer **0800 111 00** is elke werkdag bereikbaar van 15 tot 19 uur. Tussen die uren verzorgen gezondheidsprofessionals gespecialiseerd in tabakologie (artsen, psychologen, verplegers) de permanentie. Bovendien heeft Tabakstop een zeer informatieve website, www.tabakstop.be, met toegang tot iCoach, een gratis online programma om te stoppen met roken, en een waaier aan tools.

Inhoud

Voorwoord	9
Inleiding	11
Antikankerdiëten en voedingsmiddelen tegen kanker bestaan niet	11
Wat voeding wél kan	11
De 10 voedingstips van Stichting tegen Kanker	13
Recepten	15
Voorafjes	15
Vegetarische gerechten	23
Visgerechten	32
Vleesgerechten	43
Zoet lekkers	50
Over de chefs	58
Felix Alen	58
Carlo de Pascale	59
Sofie Dumont	60
Candice Kother	61
Fatima Marzouki	62
Albert Verdeyen	63
Wetenschappelijke referenties / Andere bronnen	64

Receptenindex

Voorafjes

Neppopcorn van kikkererwten	15
Zuiderse vissoep	16
Aubergines met Arabische pesto	17
Klassieke bruschetta met tomaten	18
Gazpacho	19
Linzensoep	20

Vegetarische gerechten

Spinazie-ricottaballetjes	23
Torentje van tofoe en groenten	24
Vouwpannenkoeken met mozzarella en basilicum	26
Tandooriwafels met linzencrème en cashewnoten	27
Pompoentaart met olijfolie en verse geitenkaas	28
Groentewok met koriander	30

Visgerechten

Zeebaars met een zuiderse venkelvinaigrette	32
Gebakken tonijn met couscoussalade	35
Gestoomde groenten met zureroomdressing en zalm	36
Sobanoedels met scampi's, mango en Chinese paddenstoelen	37
Tajine met roodbaars en gekonfijte citroen	38
Vis met witte bonen en tomatensaus	40

Vleesgerechten

Gevulde courgette met kalkoen	43
Gevulde kipfilet met groene asperges en tagliatelle	44
Kipfilet met pistachenoten en sinaasappelsalade	45
Rundvleeswok met groenten	46
Runderrolletjes met zwarte olijven, tomaat en Parmezaanse kaas	48
Couscous met lamsvlees en spruitjes	49

Zoet lekkers

In koffie gestoofde peren met parfait van Luikse siroop	50
Gekruide appels met pistachenoten en rozijnen	52
Moelleux van haverzemelen met pompelmoes	54
Groenekruidenpannenkoeken	55
Chocoladecake met bessen en frambozen	56
Tiramisu met aardbeien	57

Albert Verdeyen

Candice Kother

Carlo de Pascale

Fatima Marzouki

Felix Alen

Sofie Dumont

Aubergines met Arabische pesto

– Fatima Marzouki

Benodigdheden (4 personen)
1 grote of 2 middelgrote aubergines, in ronde plakken van ongeveer 0,5 cm dik ✜ zout ✜ olijfolie (max. 4 eetlepels) ✜ 5 teentjes knoflook, gepeld en fijngesneden ✜ ½ groene paprika, in stukken ✜ 1 bosje bladpeterselie, versneden ✜ sap van ½ citroen ✜ sap van ½ limoen ✜ peper

Bereiding
Bestrooi de aubergineplakken met zout en laat ze 10 minuten staan. Spoel ze grondig af, dep ze goed droog en bak ze in olijfolie. Laat uitlekken op keukenpapier. Doe de knoflook, de paprika, de bladpeterselie, het citroen- en het limoensap in de blender en mix tot pesto. Breng op smaak met peper en een snufje zout. Bestrijk de aubergine met de pesto.

De hoogste concentratie aan gezonde stoffen in knoflook (zie ook p. 43) verkrijg je door verse knoflook eerst te pletten met het lemmet van een keukenmes, 10 minuten te laten rusten en pas dan te verwerken.[2]

VOORAFJES

Klassieke bruschetta met tomaten

– Carlo de Pascale

Benodigdheden (4 personen)

2 rijpe tomaten ✢ 4 eetlepels olijfolie ✢ peper ✢ zout (bv. fleur de sel)
✢ ½ (zuurdesem)brood, in sneetjes van net geen centimeter dik
✢ 2 knoflookteentjes

Bereiding

Haal het vocht en de pitjes uit de tomaten en snijd ze in blokjes van 0,5 centimeter. Breng op smaak met olijfolie, peper en een beetje zout. Rooster het brood en wrijf het in met de knoflook. Beleg met de tomatenmengeling.

Dit hapje is rijk aan de stof lycopeen, dat mogelijk een beschermende werking heeft tegen prostaatkanker. Goed om te weten is dat het lycopeengehalte in tomaten toeneemt naarmate ze meer bereid worden (pureren, verwarmen), zoals in de zuiderse vissoep van Felix Alen (zie ook p. 16). Dit voorafje is tot slot geschikt voor vegetariërs (net als alle voorafjes in dit boekje), op-en-top gezond en – ook niet onbelangrijk – snel klaar!

VOORAFJES

Gazpacho

– Albert Verdeyen

Benodigdheden (4 personen)
1 komkommer, geschild (schil bijhouden) en in grove stukken ✤ 4 tomaten, in grove stukken ✤ 1 rode paprika, in grove stukken ✤ 1 ui, in grove stukken ✤ 2 knoflookteentjes, gepeld en fijngesneden ✤ (bruin) brood, dikke sneden in vierkantjes (halve boterham apart houden) ✤ olijfolie (max. 4 eetlepels) ✤ 0,5 liter water ✤ Provençaalse kruiden ✤ peper ✤ zout ✤ wat extra (olijf) olie of 100% plantaardige margarine ✤ Parmezaanse kaas, enkele krullen (met dunschiller)

Bereiding
Doe alle groenten in de blender en doe er de halve boterham, wat olijfolie en het water bij. Mix zeer fijn en kruid met de Provençaalse kruiden, peper en een snufje zout. Verwarm een beetje olie (of 100% plantaardige margarine) in de pan en bak de broodblokjes erin bruin. Versier het bord met enkele krullen Parmezaanse kaas en de croutons.

Deze koude soep vraagt geen verhitting van de ingrediënten, waardoor de voedingsstoffen maximaal bewaard blijven. Zo vermindert bijvoorbeeld de concentratie aan wateroplosbare vitamines (B en C) bij verwarmen, zelfs onder de 100 °C.[9] Ook bescherming tegen lucht en licht zorgt verder voor een optimaal behoud van de voedingsstoffen.

VOORAFJES

Linzensoep

– Sofie Dumont

Benodigdheden (4 personen)

2 uien, fijngehakt ✤ 2 wortelen, fijngehakt ✤ 2 knoflookteentjes, fijngehakt ✤ (olijf)olie of 100% plantaardige margarine ✤ 1 takje tijm ✤ 1 takje salie ✤ 1 prei, in grove stukken ✤ enkele stengels selderij, in grove stukken ✤ 2,5 liter kippenbouillon ✤ 1 laurierblaadje ✤ 1 rode chilipeper, gehalveerd ✤ 2 aardappelen, in schijfjes en dan in stukken gesneden ✤ 1 blik tomatenblokjes ✤ 1 eetlepel tomatenconcentraat ✤ 200 g splitlinzen, 12 uur geweekt in water ✤ 2 rapen, geschild en in kleine blokjes ✤ 3 lente-uitjes, fijngehakt ✤ peper ✤ wat bladpeterselie, fijngehakt

Bereiding

Stoof de ui, wortelen en knoflook zachtjes aan in olie of margarine. Voeg de tijm, salie, prei en selderij toe. Overgiet met de bouillon. Voeg vervolgens het laurierblaadje, de rode peper, aardappelen, tomaten en het tomatenconcentraat toe. Giet de helft van de linzen erbij en laat pruttelen tot alles gaar is. Stoof de rapen en lente-uitjes in een pan. Voeg de resterende linzen toe en laat stoven. Kruid met peper. Verwijder het laurierblaadje. Serveer de gestoofde rapen, lente-uitjes en linzen en giet er de gemixte soep over. Werk af met peterselie.

Peulvruchten zijn rijk aan vezels, die op verschillende manieren een bijdrage kunnen leveren aan het beperken van ons risico op bepaalde kankers. Zo helpen vezels het risico op kanker van de dikke darm en endeldarm te verminderen. Ze kunnen ook helpen bij gewichtscontrole – overgewicht is immers een belangrijke risicofactor voor verschillende kankertypes (zie ook p. 23).[9, 13]

VEGETARISCHE GERECHTEN

Spinazie-ricottaballetjes

– Carlo de Pascale

Benodigdheden (4 personen)
500 g (diepvries)spinazie ✣ 4 eetlepels boter ✣ peper ✣ zout
✣ 200 g ricotta ✣ 50 g Parmezaanse kaas, geraspt ✣ 2 eieren
✣ nootmuskaat ✣ 200 g (volkoren)bloem ✣ verse salie

Bereiding
Stoof de spinazie met wat vetstof, peper en een beetje zout. Laat goed uitlekken in een zeef en hak fijn.
Meng de ricotta met de spinazie en voeg vervolgens de Parmezaanse kaas en eieren toe. Breng op smaak met peper, nootmuskaat en wat zout. Voeg dan geleidelijk de bloem toe.
Maak kleine balletjes van het mengsel, die je in kokend water laat garen. Haal de balletjes uit het water als ze bovendrijven, want dan zijn ze gaar. Haal ze daarna in een pan even door de warme boter met de salie.
Serveer de spinazie-ricottaballetjes overgoten met wat gesmolten boter, eventueel wat extra peper en geraspte Parmezaanse kaas.

De Parmezaanse kaas doet dit gerecht afsmaken, terwijl het overgrote deel van de gebruikte kaas magere ricotta is.[5] Dat compenseert de calorieën van de boter die gebruikt wordt, wat bijdraagt aan gewichtscontrole. Overgewicht en zwaarlijvigheid vormen immers een risicofactor voor niet één, maar verschillende kankertypes (zie ook p. 11, § wat voeding wél kan). Een gezond lichaamsgewicht is dus van groot belang in kankerpreventie.[9]

Meer weten? www.kanker.be/overgewicht

VEGETARISCHE GERECHTEN

Torentje van tofoe en groenten

– Sofie Dumont

Benodigdheden (4 personen)

250 g tofoe, in vieren gesneden ✤ peper ✤ 250 g champignons, gehalveerd ✤ (arachide)olie of 100% plantaardige margarine ✤ 1 theelepel korianderzaad, geplet ✤ 1 courgette, in schijfjes ✤ 2 eieren ✤ 150 g amandelschilfers, geplet ✤ 1 pastinaak, geraspt ✤ notenolie

Voor de vinaigrette: 1 bakje kerstomaatjes, in vieren gesneden ✤ enkele takjes dragon, fijngehakt ✤ enkele stengels bieslook, fijngehakt ✤ 2 eetlepels olijfolie ✤ 1 eetlepel azijn

Bereiding

Verwarm de oven voor op 200 °C. Kruid de tofoe met peper. Bak de champignons in olie of margarine met de koriander en peper en laat ze mooi kleuren. Houd ze apart. Bak nu de courgetteschijfjes. Laat ze uitlekken op keukenpapier. Klop vervolgens de eieren los. Paneer de stukken tofoe: haal ze eerst door het geklopte ei, dan door de amandelschilfers. Bak ze krokant. Schik de gepaneerde en gebakken tofoe daarna in een ovenschotel, met de courgetteschijfjes errond en de gebakken champignons erop. Overgiet met het sap van de champignons. Bestrooi met geraspte pastinaak en wat notenolie en bak vervolgens 10 minuten in de oven.
Maak ondertussen de vinaigrette van tomaten, dragon, bieslook, olijfolie en azijn. Serveer naar keuze met brood, rijst, pasta, aardappelen...

Tofoe is een vleesvervanger op basis van soja, ook wel 'sojakaas' genoemd. Over soja circuleren wel eens tegenstrijdige berichten: kan soja nu wel of net niet kanker veroorzaken? Waar supplementen op basis van soja inderdaad afgeraden worden bij (risico op) bepaalde kankers en kankerbehandelingen, lijkt het niet nodig de consumptie van soja via de voeding te ontraden, zowel in kankerpreventie als bij kanker.[14]

Meer lezen? www.kanker.be/voedingssupplementen/20455

VEGETARISCHE GERECHTEN

Vouwpannenkoeken met mozzarella en basilicum

– **Fatima Marzouki**

Benodigdheden (4 personen)

500 g (volkoren)bloem ✚ zout ✚ lauw water ✚ olijfolie ✚ 250 g mozzarella, in schijfjes ✚ (vers) basilicum ✚ (verse) oregano ✚ peper ✚ 800 g (gemengde) seizoensgroenten, warm of koud, naar smaak

Bereiding

Doe de bloem in een kom. Maak een gaatje in het midden en strooi er een snufje zout in. Voeg beetje bij beetje lauw water toe tot je het deeg goed kunt kneden. Kneed 10 minuten en laat het deeg dan 10 minuten rusten.

Vet het werkblad in met (geurloze) olijfolie en smeer er je handen ook mee in. Vorm deegballetjes met een doorsnede van 10 centimeter en strijk ze in met olijfolie. Duw elk balletje plat en bewerk het met je handen tot een lap van 1 tot 2 millimeter dik en 20 bij 30 centimeter. Leg de mozzarellaschijfjes in het midden van het deeg. Breng op smaak met basilicum, oregano, peper en een beetje zout. Houd de zijkanten vrij om het deeg dicht te vouwen. Vouw de pannenkoekjes dicht en bak ze zonder vetstof in een pan met antiaanbaklaag aan beide kanten goudbruin. Serveer met de seizoensgroenten.

Mozzarella kan als een relatief magere kaas beschouwd worden, met voldoende hoog eiwit- en calciumgehalte (zie ook p. 28), enkele troeven van kaas in het algemeen.[5] Af en toe mozzarella gebruiken in plaats van wat vettere kazen kan helpen bij gewichtscontrole, wat heel belangrijk is in kankerpreventie (zie ook p. 23).

VEGETARISCHE GERECHTEN

Tandooriwafels met linzencrème en cashewnoten

– Candice Kother

Benodigdheden (voor 10 wafels)
Het deeg kan 24 uur op voorhand gemaakt worden.
12 g verse gist ✚ 250 ml halfvolle melk, lauw ✚ 250 g (volkoren)bloem ✚ 3 eieren, licht geklopt ✚ 100 g boter, gesmolten ✚ 1 eetlepel Indiase tandoorikruiden ✚ 10 g suiker ✚ peper ✚ zout ✚ olie of 100% plantaardige margarine

Voor de linzencrème: 500 ml zure room ✚ 250 g groene linzen (conserven), afgegoten en gespoeld ✚ 1 handvol cashewnoten, fijngehakt ✚ peper ✚ een beetje zout

Alternatieven voor de tandoori + linzencrème:
- Oregano-basilicum + rauwe ham, gekonfijte tomaten en olijven (kalamata)
- Paprika + paprikachutney
- Colombokruiden + gegrilde paprika's

Bereiding
Los de gist op in de lauwe melk en giet die in een kuiltje in de bloem. Voeg onder voortdurend kloppen de eieren, gesmolten boter, kruiden en suiker toe. Breng op smaak met peper en een beetje zout. Laat het deeg 1 uur rusten op kamertemperatuur.
Maak ondertussen de linzencrème door alle ingrediënten te mengen.
Vet een wafelijzer in met olie of margarine en bak de wafels. Vet het wafelijzer na elke wafel opnieuw in.

De combinatie granen (bloem), zuivel (eieren, melk, zure room), peulvruchten (linzen) en noten biedt een interessant vegetarisch alternatief voor vlees, wat de variatie aan eiwitten (aminozuren) betreft.[8]
Bovendien kent dit recept vele toepassingen: brunch, aperitief, buffet, lunchpakket...

VEGETARISCHE GERECHTEN

Pompoentaart met olijfolie en verse geitenkaas

– Felix Alen

Benodigdheden (voor 1 taart = 8 personen)
Voor het deeg: 200 g (volkoren)bloem ✛ 135 g boter, in blokjes ✛ een snufje zout ✛ 1 ei ✛ ½ eetlepel water

Voor de vulling: 400 g pompoen ✛ 1 ui, gesnipperd ✛ 1 knoflookteentje, gesnipperd ✛ 50 ml olijfolie ✛ 200 g verse geitenkaas ✛ 5 eieren ✛ 2 eetlepels gehakte muntblaadjes ✛ 2 eetlepels dille ✛ peper ✛ een snufje zout ✛ 100 g blokjes mozzarella

Bereiding
Meng de bloem, de blokjes boter en een snufje zout in de keukenmachine of met de hand. Voeg het ei en een scheutje water toe en kneed tot een stevige bal. Voeg eventueel nog wat water toe als het deeg niet bindt. Wikkel het deeg in plasticfolie en laat het 30 minuten rusten op een koele plaats. Verwarm de oven voor op 200 °C. Rasp het vruchtvlees van de pompoen. Stoof de pompoen, de ui en de look in een beetje olijfolie tot alle vocht verdwenen is. Neem van het vuur, laat even afkoelen en voeg er de geitenkaas, de eieren, de muntblaadjes en de dille bij. Breng op smaak met peper en een beetje zout. Rol het deeg uit tot ongeveer 3 millimeter dikte. Wrijf een hoge taartvorm in met olijfolie en bestuif met bloem. Bekleed de vorm met het deeg, prik er gaatjes in met een vork en besprenkel met olijfolie. Leg er een vel bakpapier in en strooi daarop wat droge peulvruchten om de taart blind te bakken. Bak ze vervolgens 10 minuten op 200 °C. Verwijder de peulvruchten en het bakpapier. Vul de taart met de vulling, verdeel er de mozzarella over en besprenkel met nog wat olie. Bak de taart gedurende 40 minuten in de oven op 180 °C. Serveer warm of lauw met een salade.

De kazen in dit recept zijn een bron van calcium, dat mogelijk beschermt tegen kanker van de dikke darm en de endeldarm. Een extreem hoge calciuminname, in de voeding of in de vorm van supplementen, zou dan weer prostaatkanker in de hand kunnen werken. Neem dus zeker nooit supplementen op eigen houtje.[9]

VEGETARISCHE GERECHTEN

Groentewok met koriander

– **Albert Verdeyen**

Benodigdheden (4 personen)

1 ui ✦ 1 teentje knoflook ✦ 2 wortelen ✦ 2 lente-uitjes ✦ 50 g peultjes ✦ 1 rode paprika ✦ 1 eetlepel margarine ✦ peper ✦ zout ✦ 3 eieren ✦ 50 g sojascheuten ✦ 375 g gekookte rijst ✦ enkele takjes koriander ✦ 4 eetlepels sojasaus

Bereiding

Snijd de groenten in kleine blokjes. Doe een beetje margarine in een (wok)pan, bak de groenten erin aan en kruid ze met peper en zout zodra ze beginnen te 'zweten'. Klop de eieren luchtig en giet ze bij de groenten. Voeg nu pas de sojascheuten toe. Doe er vervolgens de gekookte rijst en gehakte koriander bij. Giet als laatste de sojasaus erbij en serveer.

De combinatie van eieren, peultjes, rijst en sojascheuten biedt een waaier aan aminozuren (bouwstenen van eiwitten), die als waardevolle vleesvervanger dienen.[8] De naam 'sojascheuten' is misleidend: eigenlijk betreft het scheuten van de mung- en niet van de sojaboon. Sojascheuten hebben dus niet dezelfde eigenschappen als andere sojaproducten (zie ook p. 24). Voor dit recept, net als voor het andere wokrecept van Albert, geldt: niet te warm bakken en niet te vaak wokken (zie ook p. 36).

VISGERECHTEN

Zeebaars met een zuiderse venkelvinaigrette

– **Felix Alen**

Benodigdheden (4 personen)

4 zeebaarzen (of forel, makreel, zalm...) ✛ 2 sjalotten, fijngehakt ✛ 1 knoflookteentje, geperst ✛ 1 eetlepel olijfolie ✛ 1 venkel, in blokjes ✛ 4 kerstomaatjes, in stukjes ✛ 10-tal zwarte en groene olijven, in stukjes ✛ 250 g gekookte of gestoofde seizoensgroenten en in de schil gebakken krielaardappels ✛ rasp en sap van ½ citroen (gewassen) ✛ peper ✛ een snufje zout ✛ 1 eetlepel mosterd ✛ 100 ml balsamicoazijn ✛ 100 ml olijfolie (extra vierge) ✛ 100 ml neutrale slaolie ✛ geroosterd brood en salade met kruiden

Bereiding

Fileer de vis, maar behoud het vel. Stoof de sjalotjes en de look even in wat olijfolie en voeg er de venkel bij. Bak een 8-tal minuten zonder te laten kleuren. Laat wat afkoelen en voeg dan de tomaten, de olijven, de groenten, de krieltjes en de rasp van de citroen bij. Kruid met peper en een beetje zout. Maak een vinaigrette van de mosterd, de azijn, het citroensap, de oliesoorten, peper en wat zout. Giet drie vierde van de vinaigrette over de vis en meng de rest onder de groenten. Laat de vis 4 uur marineren in de vinaigrette. Leg de vis dan op een schotel, verwijder de vinaigrette zo veel mogelijk en dep de vis droog. Bak hem in de pan op het vel, zonder om te draaien. Het vlees mag rozig blijven. Schraap met een lepel en vork het visvlees van het vel. Leg de vis op de groenten en serveer met geroosterd brood en een salade met kruiden.

Aan omega 3-vetzuren, onder meer aanwezig in vis, worden veel gezondheidsbevorderende eigenschappen toegeschreven, ook in kankerpreventie. Toch zouden ze ook nadelen hebben. Zo zou een te hoge consumptie van deze vetzuren het risico op prostaatkanker kunnen verhogen. Vermijd daarom visoliesupplementen en beperk je visconsumptie tot gemiddeld tweemaal per week. Zo heb je er de voordelen en niet de mogelijke nadelen van.

Meer lezen? www.kanker.be/nieuws/omega-prostaatkanker

VISGERECHTEN

Gebakken tonijn met couscoussalade

– Albert Verdeyen

Benodigdheden (4 personen)

500 g couscous ✤ 2 wortelen, in blokjes ✤ 2 courgettes, in blokjes ✤ 2 grote uien, in blokjes ✤ 1 rode chilipeper, in kleine blokjes ✤ 4 tomaten, in blokjes ✤ 4 eetlepels olijfolie ✤ peper ✤ saffraan ✤ gemalen gember ✤ komijn ✤ gemalen kaneel ✤ ras el hanout (Marokkaanse kruidenmix) (optioneel) ✤ 1 knoflookteentje, fijngesneden ✤ 750 ml groentebouillon ✤ peterselie, fijngehakt ✤ koriander, fijngehakt ✤ 600 g tonijnfilet ✤ zout

Bereiding

Bereid de couscous volgens de aanwijzingen op de verpakking. Bak alle groenten in de helft van de olijfolie. Voeg de specerijen, de knoflook en de bouillon toe. Laat 10 minuten koken. Voeg daarna de peterselie en koriander toe.
Bak de tonijn in de resterende olijfolie en kruid met peper en een beetje zout. Bak hem 2 minuten als je hem bleu wilt, 4 minuten voor à point of bien cuit. Doe dit langs beide kanten, afhankelijk van de dikte van de tonijn. Schik de vis op de borden, met daarnaast de groenten en erbovenop of ermee gemengd de couscous.

Dat vis goed is voor de gezondheid is een feit. Vooral de omega 3-vetzuren lijken hiervoor verantwoordelijk, hoewel recent onderzoek aantoont dat ook hier overdaad kan schaden (zie ook p. 32). Ook de contaminanten in vis (pcb's, dioxines, zware metalen...) maken dat enige beperking van je visconsumptie verstandig is. De huidige aanbeveling voor België van twee keer per week 100 tot 150 gram vis (eenmaal vette en eenmaal magere vis) is het resultaat van een afweging van de voor- en nadelen.[4]

● VISGERECHTEN

Gestoomde groenten met zureroomdressing en zalm

– **Sofie Dumont**

Benodigdheden (4 personen)

4 rauwe zalmfilets, zonder vel en in fijne sneetjes ✦ 200 g groene boontjes, schoongemaakt ✦ 2 broccoli's, in roosjes ✦ 6 eetlepels argan- of olijfolie ✦ 1 citroen, geperst ✦ enkele takjes venkelloof ✦ peper ✦ enkele blaadjes zuring ✦ enkele blaadjes basilicum ✦ 125 ml zure room ✦ rode peperbolletjes (optioneel)

Bereiding

Verdeel de zalm over de borden. Stoom de boontjes en broccoli gaar. Meng in een kommetje wat (argan)olie met het citroensap. Hak het loof van de venkel fijn en voeg toe. Kruid met peper. Smeer de zalmreepjes hiermee in.
Maak een dressing van zure room: zet de zuring en basilicum 1 minuut in koud water. Doe de zure room in een kom. Verwijder de takjes van het basilicum en de zuring en snijd alles fijn. Meng de fijngehakte kruiden met de zure room. Verdeel de gestoomde groenten en de dressing over de zalm. Werk af met wat venkelloof en eventueel enkele rode peperbolletjes. Serveer met brood.

Stomen (100 °C) heeft heel wat voordelen: vitamines en mineralen blijven beter bewaard, groenten behouden een mooie kleur en je hoeft geen vet toe te voegen. In kankerpreventie is stomen een beter alternatief dan koken op hogere temperaturen (boven 200 °C), zoals in een wok of pan, op de barbecue of de grill. Hierbij kunnen immers kankerverwekkende stoffen ontstaan, vooral bij het aanbranden en bij rechtstreeks contact met een vlam.[9]

VISGERECHTEN

Sobanoedels met scampi's, mango en Chinese paddenstoelen

– Candice Kother

Benodigdheden (4 personen)
250 g (soba)noedels (Japanse noedels van boekweitmeel) ✤ 400 g scampi's, gepeld en ontdaan van darmkanaal ✤ olie ✤ 2 handenvol gedroogde shiitakes (Chinese paddenstoelen) ✤ 2 mango's, in blokjes ✤ 1 komkommer, fijngesneden ✤ 6 lente-uitjes, fijngesneden

Voor de vinaigrette: 8 eetlepels sojasaus ✤ 2 bolletjes gember op siroop, fijngesneden ✤ 2 eetlepels gembersiroop ✤ 1 rood pepertje, fijngesneden ✤ 8 eetlepels sesamolie ✤ sap van 8 limoenen

Bereiding
Gaar de noedels volgens de aanwijzingen op de verpakking. Bak ondertussen de scampi's in wat vetstof. Laat de gedroogde shiitakes 1 minuut weken in kokend water. Meng de ingrediënten voor de vinaigrette. Giet de noedels af en meng ze met de mango, komkommer, lente-uitjes, gebakken scampi's en paddenstoelen. Giet de vinaigrette erover en serveer meteen.

Chinese paddenstoelen, en de betaglucanen die ze bevatten, worden in relatie tot kanker(preventie) vaak geprezen, vooral omwille van hun weerstandsbevorderende eigenschappen. Hoewel de weldaden ervan vooral in laboratoriumstudies bestudeerd werden, zijn de resultaten bemoedigend, en verdienen ze een plaats in onze voeding. Van de paddenstoelen van bij ons zijn vooral oesterzwammen rijk aan betaglucanen.[2]

De combinatie van groenten en fruit in dit gerecht zorgt voor een maximale variatie en aanvoer van gezonde stoffen (zie ook p. 11).

○ VISGERECHTEN

Tajine met roodbaars en gekonfijte citroen

– Fatima Marzouki

Benodigdheden (4 personen)
2 tomaten, gepeld en in plakken ✤ 250 g vastkokende aardappelen, geschild en in plakjes ✤ 2 middelgrote wortelen, in schijfjes ✤ peper ✤ zout ✤ ¼ koffielepel komijn ✤ olijfolie (max. 4 eetlepels) ✤ 2 gekonfijte citroenen, in plakjes ✤ 2 teentjes knoflook, gepeld en fijngesnipperd ✤ 1 kg roodbaars, gefileerd ✤ 4 eetlepels *tahmira dial hoot* (Marokkaanse pesto, zie p. 17) ✤ sap van ½ citroen

Bereiding
Verwarm de oven voor op 220 °C.
Leg in een tajine (of stoofpot) een laag tomaten, een laag aardappelen en een laag wortelen. Kruid met peper, een beetje zout en komijn en besprenkel met wat olijfolie. Leg er de plakjes gekonfijte citroen op en bestrooi met de knoflook. Schik vervolgens de vis in een cirkel op de groenten. Meng de *tahmira dial hoot* met het citroensap en giet over de vis. Werk af met olijfolie. Dek af en gaar 45 minuten in de oven.

Roodbaars is tegenwoordig gemakkelijk verkrijgbaar in de grotere supermarkten. Deze vis bevat relatief weinig vet[5] en is dus interessant om af te wisselen met vettere vissoorten (haring, paling, makreel, sardines, Groenlandse heilbot, zalm...), om toch niet te vaak vette vis te eten (zie ook p. 32).

● VISGERECHTEN

Vis met witte bonen en tomatensaus

– Carlo de Pascale

Benodigdheden (4 personen)

4 eetlepels olijfolie ✦ 4 knoflooktenen, 3 fijngehakt en 1 niet gehakt
✦ 1 stengel selderij, in schijfjes ✦ 1 bosje bladpeterselie, fijngehakt
✦ 500 g gepelde tomaten ✦ peper ✦ zout ✦ 300 g witte bonen (bij voorkeur
Italiaanse cannellini), gegaard ✦ takje rozemarijn ✦ 4 witte visfilets
(100 g per filet) (bij voorkeur roodbaars) ✦ 3 eetlepels bloem

Bereiding

Verwarm wat olijfolie in een pot en voeg de fijngehakte knoflook, de selderij en de peterselie toe. Laat 1 minuut garen op een laag vuur en voeg dan de gepelde tomaten toe. Breng op smaak met peper en wat zout en laat 15 minuten koken op een laag vuurtje. Roer regelmatig om. Mix de saus zonder ze te fijn te maken. Verwarm ondertussen de bonen, met een takje rozemarijn, een teen knoflook en wat olijfolie. Haal de visfilets door de bloem en bak ze. Breng op smaak met peper en een beetje zout.
Haal de visfilets uit de pan (houd ze warm) en giet vervolgens de tomatensaus erin, zodat die de aroma's van de vis opneemt en nog even doorwarmt. Schik de bonen (zonder de teen knoflook) op de borden. Leg de visfilets erop, met daarbovenop de tomatensaus.
Serveer bijvoorbeeld met pasta.

> Dit gerecht biedt een andere toepassing voor liefhebbers van witte bonen in tomatensaus. Doordat de peulvruchten, net als de vis, een bron zijn van eiwitten, kun je iets minder vis serveren per persoon. Niet te veel (vette) vis eten is immers ook belangrijk in kankerpreventie (zie ook p. 32).

VLEESGERECHTEN

Gevulde courgette met kalkoen

– **Sofie Dumont**

Benodigdheden (4 personen)

1 ui, in grove stukken ✛ 3 knoflookteentjes, fijngesneden ✛ 1 theelepel venkelzaad ✛ 1 theelepel korianderzaad ✛ peper ✛ 750 g kalkoengebraad, in grove stukken ✛ 2 theelepels paprikakruiden ✛ 2 eetlepels zure room ✛ 2 courgettes ✛ 2 gele paprika's, in blokjes ✛ olijfolie ✛ enkele stengels lente-ui, fijngesneden ✛ enkele blaadjes sla ✛ enkele kerstomaten ✛ appelazijn

Bereiding

Verwarm de oven voor op 200 °C.
Maal ui, knoflook, venkel- en korianderzaad en wat peper fijn in de blender. Meng met het vlees, de paprikakruiden en de zure room en maal opnieuw. Snijd de courgettes dwars doormidden en verwijder de zachte binnenkant. Snijd die fijn en doe hem bij de vulling, samen met de paprikablokjes. Vul vervolgens de uitgeholde courgettehelften op met de vulling. Laat ze in een ovenschaal, besprenkeld met wat olijfolie, 20 minuten garen in de oven.
Meng de lente-ui, slablaadjes en kerstomaten. Besprenkel met olijfolie en appelazijn.
Serveer naar keuze met bijvoorbeeld aardappelen, rijst...

Ui en knoflook worden vaak geprezen voor de gezonde moleculen (ook wel 'bioactieve stoffen' genoemd) die ze bevatten.[1, 11]
Dat zijn vitamines, mineralen en spoorelementen, maar ook andere stoffen als polyfenolen, carotenoïden, lycopeen... waarvan vermoed wordt dat ze een beschermende rol vervullen in kankerpreventie. Maar vergeet niet: de meeste groenten en fruit bevatten ze. Hoe meer verschillende van die stoffen we consumeren, hoe groter hun effect, lijkt het. Variatie blijft dus de boodschap (zie ook p. 11).[9]

VLEESGERECHTEN

Gevulde kipfilet met groene asperges en tagliatelle

– Felix Alen

Benodigdheden (4 personen)

200 g kippenlever, gespoeld en gereinigd ✤ 2 sjalotten, gesnipperd ✤ 1 knoflookteentje, geperst ✤ olijfolie ✤ 200 g paddenstoelen, fijngehakt ✤ peper ✤ een snufje zout ✤ 50 g broodkruim ✤ 4 kipfilets ✤ 1 eetlepel olijfolie ✤ 1 eetlepel Provençaalse kruiden ✤ 20 groene asperges ✤ 200 g (groene) tagliatelle

Voor de saus: 200 ml rode wijn ✤ 400 ml gevogeltefond ✤ 100 g boter, in blokjes ✤ 1 eetlepel dragon, fijngehakt ✤ peper ✤ een snufje zout

Bereiding

Hak de lever in kleine stukjes. Bak de sjalotjes en de look lichtjes bruin in wat olie. Voeg er de paddenstoelen, de lever, peper en een beetje zout bij. Laat ongeveer 5 minuten zachtjes bakken en vervolgens rustig nog 10 minuten sudderen. Voeg het broodkruim toe en laat afkoelen. Vul de kipfilets met deze farce en rol ze op. Prik dicht met behulp van een tandenstoker. Wrijf ze in met wat olie en bestrooi ze met de kruiden. Schil de asperges en dompel ze even in kokend gezouten water. Laat ze uitlekken. Kook de tagliatelle in hetzelfde water beetgaar. Giet af en besprenkel de pasta met olijfolie. Bak het vlees. Maak de saus door wijn en fond tot de helft te laten inkoken (zo verdwijnt de alcohol en daarmee ook de gezondheidsnadelen) en verfijn ze op het laatst met klontjes koude boter en de dragon.

Te veel rood vlees (alle vlees behalve gevogelte) en bewerkt vlees (broodbeleg, worsten, gehakt...) verhogen het risico op dikkedarm- en endeldarmkanker. De consumptie ervan kun je het best beperken tot maximaal 500 gram per week. Naast vis en vegetarische vleesvervangers is gevogelte een waardevol alternatief. Meer weten? www.kanker.be/vlees-en-kanker

VLEESGERECHTEN

Kipfilet met pistachenoten en sinaasappelsalade

– Carlo de Pascale

Benodigdheden (4 personen)
300 g pistachenoten (gepeld en niet gezouten) ✤ 200 g (volkoren)bloem ✤ zout of fleur de sel ✤ 4 kipfilets ✤ 4 (bloed)sinaasappels, 3 gepeld en in fijne sneetjes en sap van 1 ✤ 4 eetlepels olijfolie ✤ peper

Bereiding
Verwarm de oven voor op 120 °C.
Rooster de pistachenoten in een pan met antiaanbaklaag, hak ze vervolgens met de hand of in een blender fijn, en meng ze met de bloem en wat zout. Paneer hiermee de kipfilets en druk stevig aan.
Gaar de gepaneerde kipfilets 45 minuten in de oven.
Dresseer de sinaasappelschijven op het bord, besprenkel met wat olijfolie en bestrooi met peper en een beetje zout. Schik er de kipfilets naast en overgiet ze met wat sinaasappelsap.
Dit is een Italiaans recept, dat traditioneel als *secondo piatto* wordt geserveerd en volgt op een *primo piatto* zoals pasta. Serveer dit bij ons bijvoorbeeld op een warme dag, met brood.

Dit recept heeft heel wat pluspunten: de gezonde ingrediënten zoals fruit en noten (zie ook p. 52), de kip die rood vlees vervangt (zie ook p. 44) en de bereiding op lage temperatuur (zie ook p. 36).

VLEESGERECHTEN

Rundvleeswok met groenten

– **Albert Verdeyen**

Benodigdheden (4 personen)

1 prei, fijngesneden ✤ 200 g broccoli, in kleine roosjes ✤ ½ bussel groene asperges, fijngesneden ✤ 1 paprika, fijngesneden ✤ arachideolie of 100% plantaardige margarine (max. 4 eetlepels) ✤ 1 teentje knoflook, fijngesneden ✤ 250 g spinazie, fijngesneden ✤ 500 g rundvlees ✤ peper ✤ zout ✤ 2 eetlepels sojasaus ✤ 4 eetlepels balsamicoazijn ✤ sap van ½ citroen ✤ 25 g pijnboompitten ✤ wokkruiden

Bereiding

Bak de groenten (behalve de spinazie) 2 minuten aan in de vetstof, samen met de knoflook. Voeg daarna de spinazie toe.
Snijd het rundvlees in stukken, kruid met peper en een beetje zout en voeg toe aan de groenten.
Bak nog eens 2 minuten. Doe er de sojasaus, de balsamicoazijn, het citroensap en de pijnboompitten bij. Kruid met peper en de wokkruiden, en roer goed.
Serveer met rijst of mihoen (Chinese rijstnoedels).

Pluspunten aan dit recept zijn zeker de variatie aan groenten, de pijnboompitten en het feit dat voor wokken niet veel vetstof nodig is. Toch is het aan te raden niet te warm te wokken en geregeld te kiezen voor andere bereidingswijzen, zoals bijvoorbeeld stomen of koken. Klassiek gebeurt wokken op hoge temperatuur (waarbij 200 °C overschreden wordt), nog in de hand gewerkt door de vorm van de wokpan. Hoe hoger de temperatuur, hoe meer kankerverwekkende stoffen gevormd worden. Wissel daarom af met andere bereidingstechnieken, zoals bijvoorbeeld koude bereidingen (zie ook p. 19) en stomen (zie ook p. 36).[9]

VLEESGERECHTEN

Runderrolletjes met zwarte olijven, tomaat en Parmezaanse kaas

– Candice Kother

Benodigdheden (4 personen)
20 tomaten, ontpit en in stukjes ✤ 6 eetlepels gedroogde tomaten, in stukjes ✤ 1 scheut rode wijn (optioneel) ✤ 4 uien, fijngesneden ✤ 8 fijne sneetjes rundvlees ✤ 4 eetlepels olijfolie ✤ peper ✤ zout ✤ 2 knoflookteentjes, fijngesneden ✤ 10 blaadjes basilicum ✤ 600 g zwarte olijven, ontpit en in vieren gesneden ✤ 100 g Parmezaanse kaas, in flinterdunne schijfjes

Bereiding
Mix de tomaten (vers en gedroogd) met een scheut rode wijn. Voeg de uien toe. Laat 10 minuten pruttelen op een laag vuur.
Bestrijk het rundvlees met olie, peper en een beetje zout. Verdeel daarna de knoflook, basilicum en het grootste deel van de olijven en Parmezaanse kaas erover. Rol op en zet vast met een tandenstoker. Bruin de rolletjes 5 minuten in de pan met wat olijfolie. Voeg de tomatencoulis en de resterende olijven toe en laat nog 5 minuten pruttelen.
Garneer met de resterende Parmezaanse kaas en serveer met ciabatta (Italiaans stokbrood) uit de oven.

Met de rode wijn en de andere ingrediënten is dit een typisch zuiders gerecht. Meerdere wetenschappelijke studies toonden het voordeel van een mediterraan voedingspatroon aan in preventie van hart- en vaatziekten, maar mogelijk ook van kanker en andere welvaartsziekten als type 2 diabetes en een hoge bloeddruk.[6] In dit recept verdampt de alcohol bij de bereiding, maar verder beperk je de consumptie van rode wijn het best, en bij uitbreiding van iedere andere alcoholische drank, gemiddeld tot maximaal één consumptie per dag (voor sommigen zelfs minder): de nadelen gaan snel opwegen tegen de voordelen, ook in kankerpreventie... (zie ook p. 12)[1, 2]

Meer weten? www.kanker.be/drink-met-mate

VLEESGERECHTEN

Couscous met lamsvlees en spruitjes

– Fatima Marzouki

Benodigdheden (4 personen)
1 kg lamsbout met been ✤ 2 grote uien, in halve ringen ✤ peper ✤ zout ✤ 1 tomaat, gepeld en in reepjes ✤ 1,5 liter groente- of gevogeltebouillon ✤ 1 bosje koriander ✤ ½ koffielepel saffraan ✤ 200 g rapen, in grote stukken ✤ 150 g jonge wortelen, in grote stukken ✤ 250 g spruiten, in grote stukken ✤ 1 courgette, in grote stukken ✤ 100 g tuinbonen (vers gedopt of diepvries) 500 g couscous ✤ (olijf)olie, eventueel ook 100% plantaardige margarine

Bereiding
Bak het vlees rondom bruin. Voeg de uien toe en kruid met peper en een beetje zout. Voeg de tomaat toe als de uien glazig zijn. Blus met de bouillon en voeg de samengebonden koriander en de saffraan toe. Laat sudderen tot het vlees gaar is. Doe de rapen en de wortelen, dan de spruiten en de courgette en ten slotte de tuinbonen bij het vlees en laat alles garen. Breng eventueel op smaak met extra peper.
Bereid de couscous zoals beschreven op de verpakking. Schep hem in een ruime schaal en leg het vlees in het midden. Verdeel wat groenten over de couscous en lepel een beetje saus over het geheel. Serveer de rest van de groenten en de saus apart.

Couscous is een waardevol alternatief voor onze klassieke koolhydraatbronnen (aardappelen, pasta, rijst). Wist je bijvoorbeeld dat couscous ongeveer evenveel calorieën en vezels (zie ook p. 54) bevat als bruine rijst?[16]

ZOET LEKKERS

In koffie gestoofde peren met parfait van Luikse siroop

– Felix Alen

Benodigdheden (4 personen)
4 peren (Doyenné of Durondeau) ✤ 0,5 liter sterke koffie ✤ 100 g bruine suiker ✤ 100 g honing ✤ 1 steranijs ✤ ½ kaneelstokje ✤ ½ vanillestokje ✤ 1 schijfje citroen ✤ 1 eetlepel maïzena ✤ 4 in de oven gedroogde dunne schijfjes peperkoek (of een ander koekje) ✤ kaneelpoeder

Voor de parfait: 2 eidooiers ✤ 75 g suiker ✤ 200 ml light room, opklopbaar ✤ 100 g Luikse siroop

Voor de sabayon: 4 eidooiers ✤ 100 ml light room

Bereiding
Schil de peren en kook ze in de koffie met de bruine suiker, de honing, de steranijs, het kaneelstokje, het vanillestokje en de citroen (de kooktijd hangt af van de soort peer). Neem de peer uit de koffie, laat ze afkoelen en hol ze uit om ze straks te kunnen vullen met de parfait. Laat de saus wat inkoken en bind ze met maïzena.
Maak nu de parfait. Klop de eidooiers en 50 gram suiker op tot een witte luchtige massa. Klop de room op met de rest van de suiker. Meng de siroop onder de eidooiers en spatel er de half opgeklopte room bij. Zet enkele uren in de diepvries.
Klop voor de sabayon de eidooiers op met 200 milliliter van de siroop waar de peren in kookten en meng met de room.
Vul de peren met de parfait. Giet er de koffiesaus bij en serveer de sabayon in aparte kommetjes. Versier met de peperkoek (of een ander koekje) en bestuif met een beetje kaneelpoeder.

Peren stoven met koffie is iets wat onze grootmoeders deden... en vooral een originele manier om fruit te verwerken in een dessert.

ZOET LEKKERS

Gekruide appels met pistachenoten en rozijnen

– Fatima Marzouki

Benodigdheden (4 personen)

1,5 eetlepel rozijnen ✚ 4 grote appels ✚ 20 g 100% plantaardige margarine ✚ 160 g pistachenoten, grof gehakt ✚ 1 eetlepel lichtbruine suiker ✚ ½ koffielepel kaneelpoeder ✚ 50 g walnoten, gehakt

Bereiding

Laat de rozijnen weken in warm water tot ze helemaal opgezwollen zijn. Verwarm de oven voor op 180 °C.
Haal een kapje van de appels en verwijder het klokhuis met een appelboor of een scherp mes. Hol ze een beetje uit. Zet de appels in een licht beboterde ovenschaal.
Meng de pistachenoten met de geweekte rozijnen, de suiker, het kaneelpoeder en de zachte margarine. Vul elke appel met dit mengsel.
Zet de schaal met appels op een bakplaat waarin 1 centimeter water staat. Dek de schaal af met aluminiumfolie. Zet 30 minuten in de oven en verwijder het aluminiumfolie na 20 minuten. De appels moeten helemaal zacht zijn.
Haal de appels voorzichtig uit de schaal en werk af met de gehakte walnoten.

Noten verdienen een plaats in onze dagelijkse voeding. Ze vormen bijvoorbeeld een prima gezond tussendoortje (op voorwaarde dat je de hoeveelheid beperkt, want de meeste zijn calorierijk. Dat werd in 2013 nog eens aangetoond, door de analyse van twee studies die het consumptiepatroon van meer dan 100.000 mannen en vrouwen gedurende 30 jaar volgden. Zij die minstens vijf dagen per week een handvol noten consumeerden, hadden tien procent minder kans om te sterven aan kanker tijdens de studieperiode.[10]

Moelleux van haverzemelen met pompelmoes

– Candice Kother

Benodigdheden (voor 6 grote moelleux)

90 g gesmolten boter ✛ 60 g lichte cassonadesuiker ✛ 2 eieren ✛ 1 yoghurt natuur (125 à 150 g) ✛ 80 g (volkoren)bloem ✛ ½ zakje droge gist ✛ 25 g haverzemelen ✛ 30 g tarwezemelen ✛ geraspte schil van 1 (bio- of gewassen) pompelmoes (+ eventueel wat extra als versiering)

Bereiding

Verwarm de oven voor op 180 °C. Meng de boter met de suiker en voeg een per een de eieren toe, onder voortdurend opkloppen. Voeg de yoghurt en vervolgens de bloem, gist, zemelen en pompelmoesschil toe. Meng goed. Giet het deeg in zes kleine, ingevette vormen en bak 25 minuten.

Dit dessert is rijk aan verschillende soorten vezels, zowel uit fruit als uit granen – ideaal ter preventie van overgewicht en kanker (zie ook p. 20). Citrusvruchten, zoals pompelmoes, zouden net als ander fruit een waaier aan interessante stoffen voor kankerpreventie bevatten, zoals een hoge concentratie aan vitamine C.[1, 2, 12] Toch een kleine kanttekening: pompelmoes laat zich niet combineren met verscheidene geneesmiddelen. De vrucht bevat namelijk furano-coumarines, die de werking van sommige medicijnen minder of net sterker maken. Het effect kan aanhouden tot drie dagen na het eten van pompelmoes! Lees dus de bijsluiter.[15]

Groenekruidenpannenkoeken

– Sofie Dumont

Benodigdheden (voor 8 à 10 middelgrote pannenkoeken)
2 koppen kruiden: duizendblad (Achillea), klavertjes, Oost-Indische kers (bloemen en blaadjes), mosterdblad (bloemen), rucola (bloemen en blaadjes), dille, jong paardenbloemblad, komkommerkruid... ✤ 250 ml halfvolle melk ✤ 2 eieren ✤ 1 theelepel suiker ✤ 1 theelepel zout ✤ 120 g bloem ✤ 1 eetlepel arachideolie

Bereiding
Was de kruiden, verwijder de harde steeltjes, giet er de melk bij en mix zo fijn mogelijk. Klop de eieren los en voeg suiker, zout, bloem en olie toe. Voeg al roerend de kruidenmix toe. Laat minstens 30 minuten staan.
Giet het beslag door een zeef. Giet vervolgens een soeplepel beslag in een met olie ingevette pan op een middelhoog vuur. Maak een voldoende dikke laag. Laat de pannenkoek rustig garen en draai hem om. Leg hem daarna op een bord en sluit af met huishoudfolie.
Serveer koud, puur natuur, of beleg met een heel zachte, neutrale kaas.

Net als in groenten en fruit zijn ook in kruiden (en specerijen) verschillende stoffen aanwezig die een rol lijken te spelen in kankerpreventie.[3, 9] Hoe meer variaties en combinaties, zoals de verschillende kruiden in dit recept, hoe groter het effect (zie ook p. 11)![9]

ZOET LEKKERS

Chocoladecake met bessen en frambozen

– Albert Verdeyen

Benodigdheden (4 personen)

200 g pure chocolade ✛ 210 g 100% plantaardige margarine
✛ 6 eieren ✛ 200 g kristalsuiker ✛ 120 g gezeefde bloem
✛ poedersuiker (garnituur) ✛ 25 g rode bessen ✛ 25 g blauwe bessen
✛ 25 g frambozen

Bereiding

Verwarm de oven voor op 180 °C.
Smelt de chocolade samen met de margarine op lage temperatuur au bain-marie tot een homogeen geheel.
Klop de eieren en de suiker stevig op met een garde. Meng hieronder de gezeefde bloem en daarna het mengsel van chocolade en margarine. Maak een glad geheel en doe het mengsel in een bakvorm. Bak 45 minuten in de oven. Haal de cake daarna uit de oven en laat hem 2 uur rusten. Keer de vorm om op een schotel en strooi er poedersuiker overheen.
Serveer met de bessen en frambozen.

Dit is een dessert en blijft het dus een calorierijk verwennerijtje, voor uitzonderlijke gelegenheden. Maar af en toe voor chocolade kiezen kan wel. Vooral pure chocolade is rijk aan cacaopasta, die op zijn beurt rijk is aan polyfenolen. Net als andere bioactieve stoffen (zie ook p. 43) hebben polyfenolen heilzame effecten op onze gezondheid en mogelijk ook in kankerbescherming. Ze zijn trouwens ook terug te vinden in groene thee, uien en... kleine bosvruchten, eveneens onderdeel van dit recept.[1,2]

ZOET LEKKERS

Tiramisu met aardbeien

– **Carlo de Pascale**

Benodigdheden (voor 4 personen)
4 eieren ✚ 4 koffielepels suiker ✚ 250 g mascarpone ✚ 100 g boudoirkoekjes ✚ 2 sinaasappelen, geperst ✚ 250 g aardbeien, in de lengte in tweeën gesneden

Bereiding
Scheid het wit en het geel van de eieren in twee verschillende kommen. Klop het eigeel met de suiker tot schuim, voeg de mascarpone toe en meng zacht tot een gladde crème. Klop de eiwitten stevig op en meng ze voorzichtig onder de mascarpone. Haal de koekjes snel door het sinaasappelsap en leg ze op de bodem van de cakevorm. Bedek met een fijne laag kaas, vervolgens een laag koekjes en tot slot een laag aardbeien. Herhaal en werk af met de aardbeien. Laat minstens 6 uur opstijven in de koelkast.

Dit recept vormt een prima alternatief uit Venetië voor de 'klassieke' tiramisu: zonder alcohol en mét fruit!

OVER DE CHEFS

Felix Alen

Felix Alen is een dynamische, veelzijdige Vlaamse persoonlijkheid. In de wereld van de gastronomie is hij bedrijfsleider, auteur, radiostem, tv-kok, ambassadeur, consultant en nog veel meer. De chef-kok Felix Alen laat zich waar het past beïnvloeden door fusion, moleculaire keuken, playfood, foodpairing en andere hypes, maar zijn keuken is tot op vandaag vooral gestoeld op klassieke basis. De zeer herkenbare en uiterst verse producten – bij voorkeur uit het seizoen en uit eigen streek – worden wel op een heden-daagse, creatieve manier gepresenteerd.

De gezonde recepten die Felix voor dit boekje uitzocht, geven blijk van topgastronomie. Toch zijn ze heel toegankelijk door de keuze voor makkelijk te vinden ingrediënten. Recepten met een zuiders tintje worden afgewisseld met originele combinaties: pompoen met geitenkaas of mozzarella, gevogelte gevuld met asperges, peer met koffie... Kenmerkend is ook de flexibiliteit in de ingrediëntenkeuze die Felix biedt.

Recepten van Felix in dit boekje:
- Zuiderse vissoep
- Pompoentaart met olijfolie en verse geitenkaas
- Zeebaars met een zuiderse venkelvinaigrette
- Gevulde kipfilet met groene asperges en tagliatelle
- In koffie gestoofde peren met parfait van Luikse siroop

Carlo de Pascale

De Franstalige Carlo de Pascale is van oorsprong jurist. Hij besloot pas later zijn passie voor koken te volgen en de schort aan te trekken, eerst als restaurateur en daarna als medestichter van Mmmmh! in Brussel, waar kooklessen worden verzorgd en kookgerei en producten voor foodies worden verkocht. Carlo is ook regelmatig te horen op de Franstalige radio en televisie. Als culinair expert staat hij bekend als verdediger van kwaliteitsproducten.

De recepten die Carlo deelt in dit boekje, weerspiegelen zijn Italiaanse roots. Wie de hoofdgerechten op z'n Belgisch interpreteert, serveert ze bijvoorbeeld met brood, aardappelen, rijst... of natuurlijk pasta. Maar waarom niet eens op z'n Italiaans? Eerst als *primo piatto* een pasta, risotto of gnocchi (kleine bolletjes van tarwe(meel), al dan niet met aardappel) - die vervangen onze klassieke aardappelen of varianten - en daarna als *secondo piatto* vlees of vis met groenten en/of fruit.

Recepten van Carlo in dit boekje:
- Klassieke bruschetta met tomaten
- Spinazie-ricottaballetjes
- Vis met witte bonen en tomatensaus
- Kipfilet met pistachenoten en sinaasappelsalade
- Tiramisu met aardbeien

OVER DE CHEFS

Sofie Dumont

Sofie Dumont volgde een opleiding tot kok aan de technische hotelschool Coovi Pivit in Anderlecht. Nadien volgden extra specialisatiejaren (Ter Duinen, Ter Groene Poorte, Coloma) en stages (Eddy Van Maele, Maartje Boudeling...). Ze startte haar carrière bij Wittamer en raakte bekend als Lady Chef 2009. Na enkele jaren te werken als chocolatier en patissier evolueerde Sofie tot een meer allround kok, met haar eigen restaurant en pop-uprestaurant. In Vlaanderen verwierf ze verdere bekendheid door haar kookboeken, radio- en televisieprogramma's en kookworkshops.

Sofie stelde voor dit project van Stichting tegen Kanker een eigen selectie samen, die barst van gezondheid. Niet alleen de gebruikte ingrediënten getuigen hiervan, maar ook bijvoorbeeld de techniek van het stomen, die wordt gebruikt in het recept met de gestoomde groenten. Ook aan 'gezonde originaliteit' ontbreekt het haar niet, zo bewijzen het tofoetaartje en de 'groene' pannenkoeken. Haar recepten werden duidelijk geschreven door een chef-kok, maar ze zijn toch vlot thuis in je eigen keuken klaar te maken, met makkelijk verkrijgbare ingrediënten.

Recepten van Sofie in dit boekje:
- Linzensoep
- Taartje van tofoe en groenten
- Gestoomde groenten met zureroomdressing en zalm
- Gevulde courgette met kalkoen
- Groenekruidenpannenkoeken

Candice Kother

Candice Kother komt uit een gezin waar koken en gastronomie centraal stonden, met twee ouders in het vak. Ze verschijnt af en toe op de Franstalige televisie, maar is vooral te horen op de radio in culinaire programma's. En dan zijn er haar kookboeken…
In *Candelicious* goochelt ze met desserten in maar liefst negen verschillende hoofdstukken, met elk een andere invalshoek. Een van de meest originele is ongetwijfeld het hoofdstuk 'Veggies', met dessertrecepten op basis van groenten! Haar boek *Les délices de Candice* trekt dan weer heel andere registers open: recepten voor vrijgezellen, koppels, feesten…

Ook de recepten in dit boekje getuigen van de veelzijdigheid van 'duizendpoot' Candice. Popcorn op basis van kikkererwten, groenten en fruit samen in de wok, originele tandooriwafels, mediterrane runderrolletjes, en tot slot een gezonde moelleux… of hoe gezond zeker niet saai betekent!

Recepten van Candice in dit boekje:
- Popcorn van kikkererwten
- Tandooriwafels met linzencrème en cashewnoten
- Sobanoedels met scampi's, mango en Chinese paddenstoelen
- Runderrolletjes met zwarte olijven, tomaat en Parmezaanse kaas
- Moelleux van haverzemelen met pompelmoes

OVER DE CHEFS

Fatima Marzouki

Fatima Marzouki is Marokkaanse, maar vond haar tweede thuishaven in Antwerpen. Daar heeft ze in de Zurenborgwijk twee eigen restaurants. Marokkaans koken werd haar van kinds af meegegeven door haar moeder en oma. Later deed Fatima ook inspiratie op in de rest van de Arabische wereld. Doordat ze opgroeide in België, ontwikkelde ze bovendien recepten die een brug slaan tussen de Belgische en de Arabische keuken, of interpreteert ze Belgische recepten op een Arabische manier. Dat toont ze ook in haar eigen kookboeken en op televisie.

In dit boekje vind je een mix terug van de recepten van Fatima. Typisch Marokkaans/Arabisch zijn de aubergines, de tajine en de gekruide appels. De couscous met spruitjes is dan weer een voorbeeld van Arabisch/Belgisch, en de vouwpannenkoeken met mozzarella en basilicum zijn zelfs Arabisch/mediterraans. Kenmerkend is de veelheid aan kruiden en de variatie aan ingrediënten door de invloeden uit verschillende landen... Ideaal in kankerpreventie!

Recepten van Fatima in dit boekje:
- Aubergines met Arabische pesto
- Vouwpannenkoeken met mozzarella en basilicum
- Tajine met roodbaars en gekonfijte citroen
- Couscous met lamsvlees en spruitjes
- Gekruide appels met pistachenoten en rozijnen

BRONNEN

Albert Verdeyen

Wie spreekt over 'Albert den Brusseleir' of 'Albert Populair', heeft het over de rasechte Brusselaar en kok Albert Verdeyen. Albert werkte in verschillende restaurants, had een eigen restaurant, was kok voor een wielerploeg tijdens de Ronde van Frankrijk en publiceerde al enkele kookboeken. Bijzondere kookboeken van zijn hand zijn onder meer *Start to cook*, waarin hij de basisprincipes van het koken aanleert, en zijn kookboeken met stoeprecepten. Tegenwoordig is hij nog steeds privékok. Daarnaast is hij consultant, verschijnt hij regelmatig op radio en televisie, geeft hij kooklessen en verzorgt hij culinaire reizen.

De recepten in dit boekje zijn kenmerkend voor alle recepten die Albert samenstelde voor beginnende koks, en zijn dus gemakkelijk te bereiden. Maar Alberts gerechten bieden daarom niet minder gezondheid. Zo bevat de koude soep (gazpacho) een bom aan vitamines en andere gezonde stoffen, en zijn de andere recepten heel licht. Zelfs het recept met de donkere chocolade, rijk aan gezonde polyfenolen, kan in kankerpreventie passen... op voorwaarde dat het gereserveerd wordt voor speciale gelegenheden!

Recepten van Albert in dit boekje:
- Gazpacho
- Groentewok met koriander
- Gebakken tonijn met couscoussalade
- Rundvleeswok met groenten
- Chocoladecake met bessen en frambozen

◉ BRONNEN

Wetenschappelijke referenties

1. Bélivau R., & Gingras D. *Eten tegen kanker*. Kosmos, Antwerpen, 2009.
2. Bélivau R., & Gingras D. *Eten tegen kanker: kookboek*, Kosmos, Antwerpen, 2010.
3. De Keuleneer F., Pincemail J., & Gabriel J.-P. *Couleur santé: les secrets de la cuisine antioxydante*. Françoise Blouard, Brussel, 2008.
4. www.health.belgium.be/eportal/Myhealth/Food/FoodandHealthPlan2/Newsletter/Files/Newsletterdecember2013/19090922_NL?ie2Term=appel?&fodnlang=nl#.U70FgPI_tZ8
5. Nubel. *Belgische voedingsmiddelentabel 5de editie*. Brussel, 2009.
6. Olive Oil and the Mediterranean Diet Panel. 'International consensus statement on olive oil and the Mediterranean diet: implications for health in Europe.' In: *European Journal of Cancer Prevention*, vol. 6, nr. 5, oktober 1997, pp. 418-421.
7. Programme National Nutrition Santé. *Nutrition & prévention des cancers: des connaissances scientifiques aux recommandations*. France, 2009.
8. Stichting tegen Kanker. *Belgische seizoensgerechten met tips en trucs*. Brussel, 2009.
9. World Cancer Research Fund & American Institute for Cancer Research. *Food, Nutrition, Physical Activity and the Prevention of Cancer, a Global Perspective*. AICR, Washington DC, 2007.
10. www.aicr.org/cancer-research-update/2013/december_04_2013/cru-nuts-Links-lower-cancer-mortality.html
11. www.aicr.org/foods-that-fight-cancer/foodsthatfightcancer_garlic.html
12. www.aicr.org/foods-that-fight-cancer/grapefruit.html
13. www.aicr.org/foods-that-fight-cancer/legumes.html
14. www.aicr.org/foods-that-fight-cancer/soy.html
15. www.kanker.be/hoop-voor-pompelmoesfans-die-medicijnen-nemen-...
16. www.voedingscentrum.nl/encyclopedie/couscous.aspx
17. www.wcrf.nl

Andere bronnen

Alen F. e.a. *Chefs aan bakboord*. Lannoo, Tielt, 2014.
Alen F. e.a. *Echte venten doen het buiten*. Lannoo, Tielt, 2012.
De Pascale C., & Moschini S. *Cucina nostra*. Racine, Brussel, 2010.
Dumont S. *Iedereen kan bakken*. Borgerhoff & Lamberigts, Gent, 2013.
Dumont S. *De keuken van Sofie*. Borgerhoff & Lamberigts, Gent, 2013.
Kother C. *Candelicious*. Racine, Brussel, 2010.
Kother C. *Les délices de Candice*. Racine, Brussel, 2014.
Marzouki F. *Mijn Arabische wereldkeuken*. Lannoo, Tielt, 2012.
Verdeyen A. *Start to cook 3*. Lannoo & VTM books, Tielt, 2011.